Olinde Rodrigues

AUX

SAINT-SIMONIENS.

AUX SAINT-SIMONIENS.

L'APPEL AUX FEMMES tel que l'a conçu *Enfantin* et les théories morales qui s'y rattachent ont fait naître entre *lui* et MOI un dissentiment formel, qui a été plus ou moins connu de vous tous. Ce dissentiment vient de produire le résultat qui ne pouvait être évité que par la conversion d'Enfantin aux bases de la loi morale que j'ai proposées au sein du Collége de la Religion Saint-Simonienne (1).

J'ai affirmé que dans la famille Saint-

(1) Voir ma note sur le mariage et le divorce, du 17 octobre 1831, dans la RÉUNION GÉNÉRALE, et ci-après, page 4.

Simonienne, tout enfant devait pouvoir connaître son père. Enfantin a exprimé le vœu que la femme seule fût appelée à s'expliquer sur cette grave question.

Il a donc admis des cas de promiscuité religieuse, tandis que j'ai seulement admis *la sanction du divorce et la sanctification des secondes noces* comme l'unique combinaison qui pût à la fois satisfaire *tous* les légitimes penchans de l'homme et de la femme sous le rapport de leur association, aussi bien que sous le rapport de la sanction réservée aux sentimens de famille. J'ai appelé la femme à nous révéler, d'après ces bases, la *loi des convenances*.

Enfantin a donc admis des *faits moraux* dans la *communauté des femmes*. Je les ai classés au nombre des *cas immoraux*.

Ce dissentiment sur les termes de l'appel aux femmes s'est même fait remarquer dans les rapprochemens qui ont été faits dans *le Globe*, entre l'Orient et l'Occident, Satan et Dieu. Il aurait probablement éclaté en face du public, le jour où les prédications ont été forcément suspendues.

Loin de s'apercevoir de l'effet funeste de cette aberration, au moment même où nous fondons le crédit Saint-Simonien, aberration qui s'explique assez d'ailleurs par la situation personnelle d'Enfantin quant aux relations de famille, relativement aux sentimens d'époux et de père, Enfantin, dont j'avais proclamé la haute *moralité* alors qu'il accomplissait l'œuvre la plus importante, le changement de la hiérarchie, Enfantin-Bazard (1), a cru pouvoir déclarer *immoral* le premier disciple de Saint-Simon, en brisant ce jour même les liens hiérarchiques qui me rattachaient directement plusieurs fonctionnaires importans.

Cet acte *inexplicable* est pour moi le signal d'un progrès nouveau, l'industrie est appelée dans ma personne à *constituer* définitivement la religion nouvelle.

SAINT-SIMONIENS !

Votre hiérarchie éprouve dans sa sommité un changement capital. L'héritier di-

(1) Dans mon appel du 27 novembre 1831.

rect de Saint-Simon assume enfin sur lui *toute* la tâche que lui a confiée son maître, il vous appelle tous, hommes et femmes, à fonder avec lui l'union des travailleurs pacifiques, au nom du NOUVEAU CHRISTIANISME, dernière parole, testament de SAINT-SIMON.

Paris, le 13 février 1832.

OLINDE RODRIGUES,

CHEF DE LA RELIGION SAINT-SIMONIENNE.

BASES DE LA LOI MORALE

PROPOSÉES

A l'acceptation des Femmes.

LE MARIAGE.

Toute œuvre *sociale*, dans l'avenir, est l'œuvre d'un COUPLE, homme et femme, complément l'un de l'autre, recherché, accepté *librement*, dont l'*union* préparée par l'éducation a reçu la sanctification de l'autorité religieuse, *homme* et *femme*.

L'homme et la femme *seront mariés*, alors qu'ils seront tous deux arrivés à aimer, désirer l'un et l'autre, l'un par l'autre, l'accomplissement d'un œuvre commune, manifestation d'une commune destinée. A cette condition, l'union sera sanctifiée, elle aura toute sa force, toute son *abnégation*, tout son *égoïsme*. Elle sera RELIGIEUSE.

Je crois fermement que *tous* doivent, au moment où ils vont compléter leur vie par le mariage, après y avoir été amenés par le développement du système d'éducation, espérer, désirer, que ce mariage ne soit pas dissout, dans quelque catégorie qu'ils puissent être rangés à cet égard.

Nul ne sera en état normal pour être marié, qui désirerait ou accepterait le mariage en voyant devant lui le divorce.

Mais, d'un autre côté, j'admets fermement qu'il existe, suivant la qualification des individus, des différences plus ou moins grandes, dans la *probabilité* d'une durée quelconque pour le maintien de l'état normal du mariage.

Et j'entends que le mariage est à l'état normal stable, tant que les deux époux, à travers toutes les petites variations d'humeur, de goût et de puissance, inévitables dans l'union la mieux assortie, sont ramenés sans cesse à aimer, à concevoir, à pratiquer *ensemble*, l'œuvre sociale qu'ils ont reçu mission d'accomplir, à se *sentir* complément l'un de l'autre.

LE DIVORCE.

Mais du jour où l'autorité religieuse, homme et femme, renonce, après maintes épreuves, à considérer comme possible le maintien de l'état normal de mariage entre les deux époux; du jour où les chances d'un pénible déchirement deviennent prédominantes, il y a lieu, dans l'intérêt personnel des deux époux, aussi bien que dans l'intérêt social, à préparer, à prononcer le *divorce*, c'est-à-dire le passage *d'un lien* à un *autre lien*.

Je crois donc fermement qu'un individu ne peut être à *la fois* l'époux que d'une seule femme, et qu'il ne peut en conséquence l'être de plusieurs que *successivement*.

QUELQUES CONSÉQUENCES DU DIVORCE.

Les causes du divorce peuvent être telles, suivant les individus, que pour les uns il soit une preuve d'élévation, et pour d'autres le signe d'un abaissement. Dans certains cas sociaux, selon certaines fonctions, et indubitablement pour la fonction suprême, il équivaut à une *abdication* : car le divorce, pour les deux chefs suprêmes, homme et femme, ne pourrait être un moyen d'*élévation* pour aucun d'eux, et ne saurait recevoir sa sanction que d'un autre couple à eux supérieur, qui deviendrait, par le fait, investi du suprême pouvoir.

CONSIDÉRATIONS SUR LA FAMILLE.

Le mariage n'est pas seulement l'association la plus complète d'un homme et d'une femme, ayant pour objet l'accomplissement d'une œuvre sacerdotale, scientifique ou industrielle :

Le mariage est encore le *lien sacré* des générations, et ici de nouvelles considérations se présentent.

Saint-Simon a promulgué le règne de Dieu sur la terre. L'homme, par lui, est désormais appelé à *connaître* et à *pratiquer* selon son AMOUR.

L'AMOUR doit unir le *vrai* et l'*utile*, l'*idéal* et le *réel* : il n'y a plus, il ne doit plus y avoir de fictions constitutionnelles ni dans l'*état* ni dans la *famille*.

L'homme, à sa naissance, veut être entouré de ceux dont il est réellement le plus *aimé*, pour *apprendre*, par leur exemple, à *pratiquer* la vie.

La *mère* veut toujours offrir aux caresses du *père* l'enfant que Dieu fit naître d'eux, pour que par *eux commençât* la famille, famille toujours *progressive*, qui entoure sans cesse l'enfant grandissant du *patronage* le plus *intelligent* et le plus *actif*, pour développer ses facultés.

La procréation doit donc être le fruit du plus grand amour; de l'amour le plus complet, de l'amour qui fait le mariage de deux êtres, *égaux* sans être *identiques*, égaux parce qu'ils sont complémens l'un pour l'autre.

MORALITÉ DES RELATIONS SAINT-SIMONIENNES.

Ainsi donc, dans l'avenir, l'autorité religieuse, le prêtre et la prêtresse, mariés eux-mêmes, président aux mariages et aux divorces, veillent au maintien des *unions normales*, sanctionnent le divorce et sanctifient les secondes noces quand les circonstances énoncéees ci-dessus viennent le réclamer. Par leur intervention religieuse, la loyauté règne dans toutes les affections; la fausseté, la dissimulation, comme la violence et la ruse, disparaissent dans la *famille* comme dans la *cité*, et avec elles l'*adultère*, c'est-à-dire le divorce caché, outrageant, irréligieux, protestation violente du passé contre une loi incomplète du mariage; et la *séduction*, c'est-à-dire la tentative d'adultère à l'égard d'une des deux parties d'un couple, ou la tentative, auprès d'un être faible et sans défense, d'obtenir l'amour sans le donner soi-même.

Enfin, grâce à ces mariages vraiment saints, la famille ne commence plus, avec certitude, *seulement* à la *mère*, qu'une loi barbare et immorale ne pouvait récuser, elle commence à la mère *et au père*, et la législation voit disparaître cet axiome romain, honteux témoignage de l'impuissance de la loi morale, *Pater is est quem nuptiæ demonstrant*: parce que les mariages, par l'éducation et par le divorce, peuvent désormais placer constamment l'homme et la femme dans la situation de sympathie réciproque la plus favorable à leur mutuel développement, à l'accomplissement de tous leurs devoirs sociaux.

DES RELATIONS DU PRÊTRE ET DE LA PRÊTRESSE AVEC LES INDIVIDUS MARIÉS OU NON MARIÉS.

Relations générales des hommes et des femmes.

L'épouse est la femme que l'époux aime le plus complètement, le plus *intimement*. C'est la moitié de sa vie.

L'époux est l'homme que l'épouse aime le plus complètement, le plus *intimement*. C'est la moitié de sa vie.

Mais la vie est à la fois individuelle et sociale, c'est-à-dire que l'époux ressent aussi de l'affection pour d'autres femmes que la sienne, l'épouse de l'affection pour d'autres hommes que celui qui est son époux. Un intervalle relativement immense sépare toutefois l'affection mutuelle des époux de celle qu'ils peuvent éprouver, à titre de supériorité, d'égalité ou d'infériorité, pour celui-là même ou celle-là qu'après son époux la femme aime le *plus*, qu'après son épouse l'homme aime le *plus*; parce qu'avec l'épouse *seule* l'époux est vraiment *lié*, parce qu'avec l'épouse *seule* l'époux forme une *unité* dans la famille universelle, parce qu'avec l'épouse *seule* l'époux constitue un des *liens* qui unissent les générations humaines.

L'expression *spirituelle* et *charnelle* de l'affection qui unit l'époux à toutes les femmes autres que la sienne, l'épouse à tout autre que son époux, doit donc avoir une manifestation et des *limites* d'une nature différente de celles qui caractérisent l'union la plus *intime* de deux êtres, l'union conjugale, et différentes aussi selon l'état des individus par rapport au mariage.

Quelles seront ces manifestations, ces limites?

Au premier couple, placé au sommet de la hiérarchie Saint-Simonienne, il sera donné de jeter une vive lumière sur ces problèmes de la vie individuelle que la préoccupation d'une éducation critique ou chrétienne empêche des hommes et des femmes, aujourd'hui placés à des points de vue insuffisans, d'envisager avec le *calme* indispensable. La première *femme* qui s'assoiera au trône pontifical pourra seule révéler la loi des *convenances* au-delà desquelles commencerait l'*immoralité*.

J'affirme toutefois, en vertu des principes ci-dessus posés, que cette loi devra satisfaire aux conditions suivantes:

A l'époux et à l'épouse appartient *exclusivement* ce saint état, l'*intimité* du cœur, de l'esprit et des sens, sphère mystérieuse, impénétrable, où deux *spontanéités* se confondent, où la *vie* peut produire la *vie*.

L'œil et l'esprit de *tous* devront reconnaître à toutes les relations des deux époux avec les autres membres de la famille que cette *intimité* qui fait leur joie et leur vertu sociale est *intacte*.

Mais à l'égard de ces époux prêts à divorcer, dont l'harmonie n'existe plus, l'action du prêtre et de la prêtresse a pour objet spécial de rendre la plus douce possible la transition d'un nœud détruit à un autre plus moral, plus convenable à chacun des deux époux. Et là où il n'existe pas de lien à briser, on peut concevoir, de la part du supérieur, une influence assez grande pour diriger les divorcés par l'attrait de l'esprit ou des sens vers les nouveaux liens qu'ils cherchent à contracter.

La limite qui se présente est que le supérieur et l'inférieur ne soient jamais placés dans les circonstances morales où ils puissent oublier que l'*intimité* du mariage est l'attribut exclusif de l'*égalité*. Un tel oubli annulerait la hiérarchie et briserait l'égalité même du prêtre et de la prêtresse chargés de la direction des fidèles.

Des considérations du même genre s'offrent à l'esprit pour tous les individus qui souffrent en cherchant l'être qui doit compléter leur vie.

Mais, je le répète, en-deçà de ces limites, j'attends avec confiance la révélation de la première femme qui sera à la tête de la doctrine; c'est à la femme *affranchie*, LIBRE ET PRÊTE POUR L'AVENIR, qu'il appartient de révéler la loi des convenances, LE CODE DE LA PUDEUR.

EVERAT, imprimeur, rue du Cadran, N° 16.

LE

DISCIPLE DE SAINT-SIMON

aux Saint-Simoniens

ET AU PUBLIC.

AUX SAINT-SIMONIENS.

L'APPEL AUX FEMMES tel que l'a conçu *Enfantin* et les théories morales qui s'y rattachent ont fait naître entre *lui* et MOI un dissentiment formel, qui a été plus ou moins connu de vous tous. Ce dissentiment vient de produire le résultat qui ne pouvait être évité que par la conversion d'Enfantin aux bases de la loi morale que j'ai proposées au sein du Collége de la Religion Saint-Simonienne (1).

J'ai affirmé que dans la famille Saint-

(1) Voir ma note sur le mariage et le divorce, du 17 octobre 1831, dans la RÉUNION GÉNÉRALE, et ci-après, page 21.

Simonienne, tout enfant devait pouvoir connaître son père. Enfantin a exprimé le vœu que la femme seule fût appelée à s'expliquer sur cette grave question.

Il a donc admis des cas de promiscuité religieuse, tandis que j'ai seulement admis *la sanction du divorce et la sanctification des secondes noces* comme l'unique combinaison qui pût à la fois satisfaire *tous* les légitimes penchans de l'homme et de la femme sous le rapport de leur association, aussi bien que sous le rapport de la sanction réservée aux sentimens de famille. J'ai appelé la femme à nous révéler, d'après ces bases, la *loi des convenances*.

Enfantin a donc admis des *faits moraux* dans la *communauté des femmes*. Je les ai classés au nombre des *cas immoraux*.

Ce dissentiment sur les termes de l'appel aux femmes s'est même fait remarquer dans les rapprochemens qui ont été faits dans *le Globe*, entre l'Orient et l'Occident, Satan et Dieu. Il aurait probablement éclaté en face du public, le jour où les prédications ont été forcément suspendues.

Loin de s'apercevoir de l'effet funeste de cette aberration, au moment même où nous fondons le crédit Saint-Simonien, aberration qui s'explique assez d'ailleurs par la situation personnelle d'Enfantin quant aux relations de famille, relativement aux sentimens d'époux et de père, Enfantin, dont j'avais proclamé la haute *moralité* alors qu'il accomplissait l'œuvre la plus importante, le changement de la hiérarchie, Enfantin-Bazard (1), a cru pouvoir déclarer *immoral* le premier disciple de Saint-Simon, en brisant ce jour même les liens hiérarchiques qui me rattachaient directement plusieurs fonctionnaires importans.

Cet acte *inexplicable* est pour moi le signal d'un progrès nouveau, l'INDUSTRIE est appelée dans ma personne à *constituer* définitivement la RELIGION NOUVELLE.

SAINT-SIMONIENS !

Votre hiérarchie éprouve dans sa sommité un changement capital. L'héritier di-

(1) Dans mon appel du 27 novembre 1831.

rect de Saint-Simon assume enfin sur lui *toute* la tâche que lui a confiée son maître ; il vous appelle tous, hommes et femmes, à fonder avec lui l'union des travailleurs pacifiques, au nom du NOUVEAU CHRISTIANISME, dernière parole, testament de SAINT-SIMON.

Paris, le 13 février 1832.

OLINDE RODRIGUES,

CHEF DE LA RELIGION SAINT-SIMONIENNE.

PRÉFACE

DES

ŒUVRES DE SAINT-SIMON.

LE DISCIPLE DE SAINT-SIMON

AU PUBLIC.

Je commence aujourd'hui à remplir directement, et par moi-même, la mission qui me fut léguée par SAINT-SIMON.

J'ai repris l'héritage que j'avais confié à des mains qui furent plus capables que les miennes, pendant tout le temps qui m'était nécessaire pour délier tous les nœuds qui m'empêchaient de livrer ma vie entière à l'œuvre immense dont j'avais accepté la responsabilité, au lit de mort de SAINT-SIMON (1).

Je rends grâces à Bazard et à Enfantin pour le concours qu'ils m'ont apporté pendant ces six années écoulées depuis la mort du révélateur, l'un par l'*énergie* de son libéralisme *politique*, et l'autre par la *séduction* de son libéralisme *moral* (2).

Tous deux, dévoués au progrès.

---

(1) Voir ma proclamation aux Saint-Simoniens.

(2) «Vous, mon père, arraché à vos méditations par une généreuse activité, vous organisez en France cette association secrète dont le nom seul semblait une déclaration de guerre au pâle drapeau du passé ; et marchant à côté de Lafayette dans cette route périlleuse que vous avez ouverte à plusieurs des partisans aujourd'hui les plus exaltés ou les plus timides de la liberté, vous exposez dans les hasards de cette longue conspi-

sentirent le besoin d'un *ordre* nouveau et vinrent au disciple de SAINT-SIMON, suivis d'hommes également zélés, que le *libéralisme* seul, en *politique* ou en *morale*, avait pu jusque-là satisfaire.

Par Bazard et par Enfantin, l'opinion publique a été saisie du Saint-Simonisme. Gloire à eux! ils ont préparé les *leurs* à entendre, à comprendre

---

ration une vie que les juges dévouent à l'échafaud. » (*Prédication de Barraut, adressant la parole à Bazard, le 12 juin 1831.*)

C'est là l'œuvre *critique*, mais *originale* et *capitale* de Bazard.

L'appel *aux femmes*, ou ce qui revient au même, d'après la conception qui lui sert de base, l'appel à une insurrection *morale*, voilà l'œuvre *critique*, mais *originale* et *capitale* d'Enfantin.

Or Saint-Simon est venu pour *édifier* et non pour *détruire*.

Bazard, quand il *conspirait* contre l'ordre *politique* ancien, n'était pas Saint-Simonien.

Enfantin, quand il *conspire* contre l'ordre *moral* ancien, n'est plus Saint-Simonien.

enfin la voix du régénérateur *politique* et *moral.* Mais leur mission ne pouvait s'étendre au-delà des limites mêmes de leur propre organisation. Nés démolisseurs en *politique* ou en *morale*, ils sont les derniers représentans du génie révolutionnaire qui, las de détruire, essaya un jour de reconstruire, et, de ce jour, vit tomber sa puissance.

Ainsi que Robespierre, de gigantesque mémoire, proclama l'existence de l'être suprême au milieu des ruines amassées par l'athéisme révolutionnaire, de même Enfantin et Bazard sont venus rendre hommage à SAINT-SIMON, et lui apporter le tribut de leur influence *politique* et *morale;* mais ils ne pouvaient transformer *leur nature* jusqu'au point d'édifier eux-mêmes le temple de la *paix* et de la *famille* universelles. Hardis démolisseurs, SAINT-SIMON les avait jugés lorsqu'il promulgua cette loi invariable de l'humanité, que les instrumens de la destruction ne pouvaient servir à la reconstruction.

Et déjà, vous souvient-il, Enfantin et Bazard, de ce jour mémorable où j'allais brusquement ressaisir mon héritage, alors que, malgré moi, vous prétendiez, au nom de SAINT-SIMON, saper la famille jusque dans ses fondemens. Logiciens impitoyables, et toutefois privés de sentimens assez larges pour raisonner juste, vous vouliez enseigner, au nom de SAINT-SIMON, qu'à l'avenir l'enfant vagissant à peine serait arraché au regard même de sa mère délivrée, aussi bien qu'à celui du père, pour *abolir* plus sûrement selon vous tous les priviléges de la naissance.

Je déclarai qu'en ce moment vous n'étiez plus les chefs de la doctrine. Il suffit alors de ma voix puissante pour sauver votre cœur du vertige de votre esprit révolutionnaire; vous reculâtes devant moi, et je restai encore à l'écart; mon jour n'était pas venu.

La crise de destruction finit en vous; la crise de réorganisation en *politique* et en *morale* commence en moi par SAINT-SIMON, dont je suis l'héritier *selon la fonction*.

L'homme de *paix* et de *famille* peut seul installer dans le monde la *paix* et la *famille* universelles promises au monde par SAINT-SIMON.

Cet homme est celui qui *seul* vécut deux ans de la vie du révélateur.

Celui qui seul a pu s'écrier à la face de Dieu et des hommes :

« Du jour où SAINT-SIMON rencon-
» tra l'homme qui, amoureux de l'ave-
» nir, avait compris les sciences, senti
» les beaux-arts et pratiqué l'industrie,
» l'homme qui avait en lui par le sang
» la tradition de Moïse, par le désinté-
» ressement celle du Christ ; du jour
» où cet homme, qui, savant et indus-
» triel, avait connu près des industriels
» et des savans le secret de leur force
» et de leur faiblesse morale ; du jour
» où cet homme, brûlé jusque dans ses
» entrailles par la flamme vivante de
» SAINT-SIMON, sentit pénétrer en lui
» une vie nouvelle et reconnut en

» SAINT-SIMON, *chrétien féodal*, un
» nouveau père; de ce jour fut enfantée
» l'association de la famille universelle;
» de ce jour fut possible la réunion des
» juifs et des chrétiens au sein d'un
» *nouveau christianisme*, religion uni-
» verselle. »

Enfantin, Bazard, hommes puissans, jaloux du progrès de l'humanité, l'enthousiasme de la religion ne vous fut pourtant pas donné. Jamais vous ne puisâtes à la source vivifiante du révélateur. Jamais vous ne sentîtes votre ame embrasée du feu nouveau que, pour le salut du monde, il alluma comme un phare resplendissant au milieu de l'effroyable et sublime tempête soulevée par les apôtres de la destruction.

Vous pûtes faire accepter l'*autorité* à

des esprits *indisciplinés*, fatigués et malades de scepticisme ; vous en avez fait des *dévots*, des fanatiques ; mais des hommes *religieux*, jamais. En ce moment l'orientalisme et ses doctrines d'adoration stupide et de lâcheté sensuelle aveuglent tous les *Enfantinistes*. Ceux qui se sont séparés avec Bazard sont retournés à des travaux *individuels*.

A moi d'inspirer l'enthousiasme aux apôtres Saint-Simoniens ; à moi de passionner au nom de Saint-Simon, de faire éclater sa gloire au-dessus de toutes les gloires, à moi de commencer enfin l'œuvre *pratique* du Nouveau Christianisme.

A moi donc tous ceux que la passion du bien général fait vivre, eux seuls peuvent accomplir de grandes choses; *souvenez-vous que pour faire du grand, il faut être passionné*, m'a dit Saint-Simon expirant. Viennent donc à l'œuvre les hommes et les femmes sains de COEUR, d'*esprit* et de *corps*, vraiment *saints et saintes*, vraiment dignes de porter le glorieux fardeau de l'apostolat.

Le génie des conspirateurs politiques est usé, leur œuvre est consommée. La société n'a plus rien à attendre ou à redouter d'eux. La critique du libéralisme *politique*, directement entreprise par le Saint-Simonisme, est désormais complète.

Quant à la conspiration morale des *Enfantinistes*, elle n'ira pas loin, malgré tout le *talent* et toute la *dévotion* qu'elle a corrompus à son service. La RELIGION NOUVELLE aura bientôt triomphé des écueils qu'elle a dû rencontrer sur son chemin : la *communauté des biens* et la *communauté des femmes.*

Et bientôt, par sa vive et puissante influence, la doctrine de Saint-Simon aura terminé, dans la *morale* comme dans la *politique*, la lutte de l'*oisif* et du TRAVAILLEUR, du *salon* et de l'ATELIER, de l'*amateur* et du PRODUCTEUR, du *mal* et du BIEN.

Je publierai successivement tous les écrits de mon maître, ainsi que j'en ai reçu de lui la mission spéciale.

J'imprime d'abord, en tête de ce volume, plusieurs fragmens de l'histoire de la vie de SAINT-SIMON, écrite par lui-même à diverses reprises.

Le monde a méconnu SAINT-SIMON, le monde va le connaître.

Viennent ensuite trois œuvres importantes, monumens impérissables du développement de la conception Saint-Simonienne, dans la vie même du révélateur.

La première est émanée de l'inspiration primitive et créatrice de SAINT-SIMON.

SAINT-SIMON, il y a trente ans, vint appeler les hommes ET les FEMMES à accomplir l'œuvre de la régénération sociale. Frappé des éclatans progrès accomplis au dix-huitième siècle par les successeurs de Newton, c'est aux *savans* qu'il s'adresse d'abord, aux *artistes* ensuite, pour réédifier le pouvoir *spirituel*, dont la chute est la seule cause du désordre qui agite toute l'Europe. L'organisation du pouvoir *temporel*, il ne la conçoit pas encore nettement ; aussi les formes délibérantes, quoique déjà modifiées radicalement par son système d'élection, tiennent-elles encore une grande place dans ses plans de réorganisation. En un mot, la division des propriétaires et des non-propriétaires n'a pas encore fait place à celle des oisifs et des travailleurs.

C'est en 1819 que le principe de la politique industrielle éclate dans toute son originalité, par la célèbre *parabole*, pour laquelle Saint-Simon fut accusé et acquitté en cour d'assises, le 20 février 1820.

Enfin, le *Nouveau Christianisme*, testament du révélateur, élève au-dessus des institutions *spirituelles* et *temporelles* un pouvoir MORAL, inspirateur direct des beaux-arts, qui devient ainsi le lien de la science et de l'industrie, de la *théorie* et de la *pratique*, de l'*esprit* et de la *chair*. de l'HOMME et de la FEMME.

Paris, le 1er mars 1832.

OLINDE RODRIGUES,

Chef de la religion Saint-Simonienne.

BASES DE LA LOI MORALE

PROPOSÉES

A l'acceptation des Femmes.

LE MARIAGE.

Toute œuvre *sociale*, dans la *famille Saint-Simonienne*, est l'œuvre d'un COUPLE, homme et femme, complément l'un de l'autre, recherché, accepté *librement*, dont l'*union* préparée par l'éducation a reçu la sanctification de l'autorité religieuse, *homme* et *femme*.

L'homme et la femme *seront mariés*, alors qu'ils seront tous deux arrivés à aimer, à désirer l'un et l'autre, l'un par l'autre, l'accomplissement d'une œuvre commune, manifestation d'une commune destinée. A cette condition, l'union sera sanctifiée, elle aura toute sa force, toute son *abnégation*, tout son *égoïsme* : Elle sera RELIGIEUSE.

Je crois fermement que *tous* doivent, au moment où ils vont compléter leur vie par le mariage, après y avoir été amenés par le développement du système d'éducation, espérer, désirer que ce mariage ne soit pas dissous, dans quelque catégorie qu'ils puissent être rangés à cet égard.

Nul ne sera en état normal pour être marié, qui désirerait ou accepterait le mariage en voyant devant lui le divorce.

Mais, d'un autre côté, j'admets fermement qu'il existe, suivant la qualification des individus, des différences plus ou moins grandes, dans la *probabilité* d'une durée quelconque pour le maintien de l'état normal du mariage.

Et j'entends que le mariage est à l'état normal stable, tant que les deux époux, à travers toutes les petites variations d'humeur, de goût et de puissance, inévitables dans l'union la mieux assortie, sont ramenés sans cesse à aimer, à concevoir, à pratiquer *ensemble* l'œuvre sociale qu'ils ont reçu mission d'accomplir, à se *sentir* complément l'un de l'autre.

LE DIVORCE.

Mais du jour où l'autorité religieuse, homme et femme, renonce, après maintes épreuves, à considérer comme possible le maintien de l'état normal de mariage entre les deux époux ; du jour où les chances d'un pénible déchirement deviennent prédominantes, il y a lieu, dans l'intérêt personnel des deux époux, aussi bien que dans l'intérêt social, à préparer, à prononcer le *divorce*, c'est-à-dire le passage *d'un lien* à un *autre lien*.

Je crois donc fermement qu'un homme ne peut être *à la fois* l'époux que d'une seule femme, et qu'il ne peut en conséquence l'être de plusieurs que *successivement*.

QUELQUES CONSÉQUENCES DU DIVORCE.

Les causes du divorce peuvent être telles, suivant les individus, que pour les uns il soit une preuve d'élévation, pour d'autres le signe d'un abaissement. Dans certains cas sociaux, selon certaines fonctions, et indubitablement pour la fonction suprême, il équivaut à une *abdication* ; car le divorce, pour les deux chefs suprêmes, homme et femme, ne pourrait être un moyen d'*élévation* pour aucun d'eux, et ne saurait recevoir sa sanction que d'un autre couple à eux supérieur, qui deviendrait, par le fait, investi du suprême pouvoir.

CONSIDÉRATIONS SUR LA FAMILLE.

Le mariage n'est pas seulement l'association la plus complète d'un homme et d'une femme, ayant pour objet l'accomplissement d'une œuvre morale, scientifique ou industrielle :

Le mariage est encore le *lien sacré* des générations, et ici de nouvelles considérations se présentent.

Saint-Simon a promulgué le règne de Dieu sur la terre. L'homme, par lui, est désormais appelé à *connaître* et à *pratiquer* selon son AMOUR.

L'AMOUR doit unir le *vrai* et l'*utile*, l'*idéal* et le *réel* ; il n'y a plus, il ne doit plus y avoir de fictions constitutionnelles ni dans l'*état* ni dans la *famille*.

L'homme, à sa naissance, veut être entouré de ceux dont il est réellement le plus *aimé*, pour *apprendre*, par leur exemple, à *pratiquer* la vie.

La *mère* veut toujours offrir aux caresses du *père* l'enfant que Dieu fit naître d'eux, pour que par *eux commençât* la famille, famille toujours *progressive*, qui entoure sans cesse l'enfant grandissant du *patronage* le plus *intelligent* et le plus *actif*, pour développer ses facultés.

La procréation doit donc être le fruit du plus grand amour; de l'amour le plus complet, de l'amour qui fait le mariage de deux êtres, *égaux* sans être *identiques*, égaux parce qu'ils sont complémens l'un pour l'autre.

MORALITÉ DES RELATIONS SAINT-SIMONIENNES.

Ainsi donc, dans l'avenir, l'autorité religieuse, le prêtre et la prêtresse, mariés eux-mêmes, président aux mariages et aux divorces, veillent au maintien des *unions normales*, sanctionnent le divorce et sanctifient les secondes noces quand les circonstances énoncées ci-dessus viennent le réclamer. Par leur intervention religieuse, la loyauté règne dans toutes les affections; la fausseté, la dissimulation, comme la violence et la ruse, disparaissent dans la *famille* comme dans la *cité*, et avec elles l'*adultère*, c'est-à-dire le divorce caché, outrageant, irréligieux, protestation violente du passé contre une loi incomplète du mariage; et la *séduction*, c'est-à-dire la tentative d'adultère à l'égard d'une des deux parties d'un couple, ou la tentative, auprès d'un être faible et sans défense, d'obtenir l'amour sans le donner soi-même

Enfin, grâce à ces mariages vraiment saints, la famille ne commence plus, avec certitude, *seulement* à la *mère*, qu'une loi barbare et immorale ne pouvait récuser, elle commence à la mère *et au père*, et la législation voit disparaître cet axiome romain, honteux témoignage de l'impuissance de la loi morale, *Pater is est quem nuptiæ demonstrant* : parce que les mariages, par l'éducation et par le divorce, peuvent désormais placer constamment l'homme et la femme dans la situation de sympathie réciproque la plus favorable à leur mutuel développement, à l'accomplissement de tous leurs devoirs sociaux.

DES RELATIONS DU PRÊTRE ET DE LA PRÊTRESSE AVEC LES INDIVIDUS MARIÉS OU NON MARIÉS.

Relations générales des hommes et des femmes.

L'épouse est la femme que l'époux aime le plus complétement, le plus *intimement*. C'est la moitié de sa vie.

L'époux est l'homme que l'épouse aime le plus complétement, le plus *intimement*. C'est la moitié de sa vie.

Mais la vie est à la fois individuelle et sociale, c'est-à-dire que l'époux ressent aussi de l'affection pour d'autres femmes que la sienne, l'épouse de l'affection pour d'autres hommes que celui qui est son époux. Un intervalle relativement immense sépare toutefois l'affection mutuelle des époux de celle qu'ils peuvent éprouver, à titre de supériorité, d'égalité ou d'infériorité, pour celui-là même ou celle-là qu'après son époux la femme aime le *plus*, qu'après son épouse l'homme aime le *plus* ; parce qu'avec l'épouse *seule* l'époux est vraiment *lié*, parce qu'avec l'épouse *seule* l'époux forme une *unité* dans la famille universelle, parce qu'avec l'épouse *seule* l'époux constitue un des *liens* qui unissent les générations humaines.

L'expression *spirituelle* et *charnelle* de l'affection qui unit l'époux à toutes les femmes autres que la sienne, l'épouse à tout autre que son époux, doit donc avoir une manifestation et des *limites* d'une nature différente de celles qui caractérisent l'union la plus *intime* de deux êtres, l'union conjugale, et différentes aussi selon l'état des individus par rapport au mariage.

Quelles seront ces manifestations, ces limites?

Au premier couple, placé au sommet de la hiérarchie Saint-Simonienne, il sera donné de jeter une vive lumière sur ces problèmes de la vie individuelle que la préoccupation d'une éducation critique ou chrétienne empêche des hommes et des femmes, aujourd'hui placés à des points de vue insuffisans, d'envisager avec le *calme* indispensable. La première *femme* qui s'assoiera au trône pontifical pourra seule révéler la loi des *convenances* au-delà desquelles commencerait l'*immoralité*.

J'affirme toutefois, en vertu des principes ci-dessus posés, que cette loi devra satisfaire aux conditions suivantes:

A l'époux et à l'épouse appartient *exclusivement* ce saint état, l'*intimité* du cœur, de l'esprit et des sens, sphère mystérieuse, impénétrable, où deux *spontanéités* se confondent, où la *vie* peut produire la *vie*.

L'œil et l'esprit de *tous* devront reconnaître à toutes les relations des deux époux avec les autres membres de la famille que cette *intimité* qui fait leur joie et leur vertu sociale est *intacte*.

Mais à l'égard de ces époux prêts à divorcer, dont l'harmonie n'existe plus, l'action du prêtre et de la prêtresse a pour objet spécial de rendre la plus douce possible la transition d'un nœud détruit à un autre plus moral, plus convenable à chacun des deux époux. Et là où il n'existe pas de lien à briser, on peut concevoir, de la part du supérieur, une influence assez grande pour diriger les divorcés par l'attrait de l'*esprit* ou de la *beauté*, double manifestation de la supériorité *morale*, vers les nouveaux liens qu'ils cherchent à contracter.

La limite qui se présente est que le supérieur et l'inférieur ne soient jamais placés dans les circonstances morales où ils puissent oublier que l'*intimité* du mariage est l'attribut exclusif de l'*égalité*. Un tel oubli annulerait la hiérarchie et briserait l'égalité même du prêtre et de la prêtresse chargés de la direction des fidèles.

Des considérations du même genre s'offrent à l'esprit pour tous les individus qui souffrent en cherchant l'être qui doit compléter leur vie.

Mais, je le répète, en-deçà de ces limites, j'attends avec confiance la révélation de la première femme qui sera à la tête de la doctrine ; c'est à la femme *affranchie* par l'homme, LIBRE ET PRÊTE POUR L'AVENIR, qu'il appartient de révéler la loi des convenances, LE CODE DE LA PUDEUR.

ÉVERAT, imprimeur, rue du Cadran, N° 16.

Souscription.

ŒUVRES

COMPLÈTES

DE SAINT-SIMON,

PUBLIÉES ET MISES EN ORDRE

PAR OLINDE RODRIGUES,

SON DISCIPLE,

CHEF DE LA RELIGION SAINT-SIMONIENNE.

Elles formeront dix ou douze volumes in-8°, qui comprendront les travaux inédits de Saint-Simon, imprimés sur papier fin satiné, dont le prix variera de 4 à 6 fr., suivant la force des livraisons.

La première livraison est actuellement en vente; elle contient la PRÉFACE GÉNÉRALE DU DISCIPLE DE SAINT-SIMON, des FRAGMENS DE L'HISTOIRE DE LA VIE DE SAINT-SIMON, ÉCRITE PAR LUI-MÊME, les LETTRES D'UN HABITANT DE GENÈVE A SES CONTEMPORAINS, la PARABOLE POLITIQUE et LE NOUVEAU CHRISTIANISME. — Prix : 4 fr.

Sous presse, la seconde livraison, contenant :

Le CATÉCHISME POLITIQUE DES INDUSTRIELS.

VUES SUR LA PROPRIÉTÉ ET LA LÉGISLATION.

Prix : 5 fr.

On Souscrit à Paris,

Chez AD. NAQUET, Libraire-Éditeur, à la librairie Saint-Simonienne, rue Vivienne, n° 16;

Et chez les principaux libraires des départemens.

RELIGION SAINT-SIMONIENNE.

OLINDE RODRIGUES,

A M. MICHEL CHEVALIER,

RÉDACTEUR DU GLOBE.

OLINDE RODRIGUES,

A M. Michel CHEVALIER,

RÉDACTEUR DU GLOBE.

—

PREMIÈRE LETTRE

Paris, le 12 mars, 1832.

Monsieur,

En ma qualité d'ancien fondé de pouvoir de vous et de plusieurs autres personnes que vous représentez actuellement, j'ai contracté divers engagemens, dont la somme est considérable, envers des tiers; j'ai ajouté ma responsabilité personnelle à la vôtre; mon nom est même le seul qui ait paru dans la signature de ces engagemens.

Depuis que vous m'avez retiré votre procuration, vous avez négligé, malgré mes demandes réitérées, de me tenir exactement informé des mesures que vous avez dû prendre pour assurer la liquidation de la Société de fait, qui a existé entre nous. Vous vous êtes brusquement emparé du mouvement de la caisse, ainsi que des pièces qui pouvaient constater notre actif et notre passif, et vous avez négligé d'en faire dresser un inventaire, comme vous deviez le faire, conformément à la loi civile et commerciale, sous l'empire exclusif de laquelle vous vous êtes placé par rapport à moi, du jour où vous avez cessé d'être en communion religieuse avec moi. Vous avez poussé l'oubli de toutes les convenances jusqu'à refuser de me représenter les titres revêtus de ma signature rentrés dans la caisse par leur acquittement, pour que j'y pusse biffer mon nom. A mes instances légitimes, vous n'avez répondu, ou fait répondre, que par des fins de non-recevoir, entièrement étrangères aux débats qui nous occupent. C'est ainsi, par exemple, que vous avez cru pouvoir me refuser toute satisfaction, tant que je continuerais à occuper l'appartement que j'habite, rue Monsigny, appartement où je suis arrivé votre associé, du loyer duquel je me reconnais débiteur, à dater du 15 février dernier, et qu'il ne me convient d'abandonner qu'à l'expiration des délais d'un congé qui me serait légalement signifié. Vous m'avez encore répondu que je devais rester sans aucune inquiétude sur *ma* libération, que je pouvais m'en rapporter à vous du soin de l'effectuer.

Il s'agit, Monsieur, d'abord de *notre* commune libération envers les tiers ; il s'agit pour moi surtout, et je ne puis me reposer sur personne d'un pareil soin; il s'agit de justifier à l'égard du public, la confiance qu'il avait pu m'accorder, et qui reposait sur des antécédens positifs.

Il s'agit, au moment où, suivant ma conviction, vous employez les deniers sociaux en dépenses complètement improductives, il s'agit pour moi de veiller au paiement exact des engagemens solidairement contractés par vous et par moi, afin de pouvoir prouver dans tous les cas que si les moyens matériels ont pu me manquer, j'ai tout fait du moins pour sauver mon honneur commercial, et en même temps celui des hommes dont j'avais accepté le mandat. Veuillez donc, Monsieur, regarder cette démarche écrite de ma part comme la dernière expression de mon desir formel de vous voir acquiescer à ma légitime demande, et comptez que, malgré la répugnance que j'éprouve bien naturellement à user d'autres moyens à votre égard que ceux de la persuasion, je suis pourtant irrévocablement décidé à mettre fin, dans le plus bref délai, à la position de complaisance où vous tenteriez vainement de me faire rester davantage.

La loi civile, que vous ni moi n'avons faite, est, je vous le repète, en l'absence d'une communion religieuse, le seul arbitre de nos différens. Ne vous étonnez donc pas que j'use promptement, dans cette circonstance, des moyens qu'elle met à ma disposition, pour fixer définitivement nos positions respectives.

J'attends de vous, Monsieur, une réponse entièrement satisfaisante jusqu'au 15 courant inclusivement.

RODRIGUES.

DEUXIÈME LETTRE.

Paris, ce 17 mars 1832.

MONSIEUR,

Le peu de bonne foi dont vous faites preuve dans les rapports publics ou privés que vous avez eu avec moi m'oblige à requérir *légalement* de vous (légalement, car vous vous refuseriez à tout autre moyen de persuasion) l'insertion dans le *Globe* de demain de la lettre que je vous ai adressée le 12 courant et qui est restée sans réponse de votre part, aussi bien que de ces lignes que je vous adresse aujourd'hui.

Vous prétendez que je *retiens* encore la procuration de M. Enfantin; mais comment puis-je *retenir* une procuration, et quel peut être le but de cette insinuation?

Par quel motif M. Enfantin s'est-il seul abstenu de révoquer la procuration qu'il m'avait donnée en même temps que vous et dans le même acte, alors que vous et ceux qui partagent votre aveuglement me fesiez *judiciairement* signifier le retrait des pouvoirs qui m'avaient été conférés ?

C'est encore, de la part de M. Enfantin, une de ces formes *séduisantes et diplomatiques* au moyen desquelles il espérait me convaincre un jour de sa supériorité *morale*.

Assez pour le moment; le public ne tardera pas à nous connaître *tous*; et quelles que soient toutefois vos prétentions à me juger, il ne s'en rapportera pas à l'abus que vous faites actuellement contre moi du pouvoir de la presse; le public me connaît déjà et depuis long-temps mieux que vous et tous ceux qui sont avec vous.

RODRIGUES.

TROISIÈME LETTRE.

Paris, ce 18 mars 1832.

MONSIEUR,

Vous me forcez, Monsieur, a caractériser enfin nettement, les procédés dont vous usez à mon égard, sous l'inspiration de M. Enfantin. Il me suffira de rappeler quelques faits :

Ma proclamation aux Saint-Simoniens, datée du 13 février n'a été répandue que le 18 du même mois. Vous avez d'abord refusé de la faire paraître dans le Globe. Vous ne vous y êtes décidé, que lorsque d'autres journaux l'avaient déjà inserée. Je n'ai pas, malgré mes légitimes et dernières instances à l'imprimerie, obtenu que vous donnassiez au texte de la loi morale, qui lui est nécessairement joint, une publicité égale à celle de la proclamation elle-même, vous avez refusé d'inserer cette loi morale dans votre journal.

Le lendemain, 19 février, en présence de deux amis, MM. Bailly et Cerclet, j'ai proposé à Stephane Flachat de servir désormais d'intermédiaire entre Enfantin et moi, pour toutes les explications qu'il pourrait avoir à me demander.

Prévoyant toutes les nuances possibles de délicatesse, je dis à Stephane Flachat que j'entendais désormais que la femme de charge de la maison m'ouvrît un compte spécial pour mes dépenses. J'ajoutais que l'union, qui, si long-temps, avait régné entre Enfantin et moi, me semblait admettre, malgré le débat énorme qui allait s'ouvrir entre nous, tous les égards personnels que chacun de nous pouvait attendre de l'autre.

Stéphane Flachat sortit de mon cabinet, enchanté de cette loyale proposition, mais il revint bientôt m'annoncer tristement, que le père Enfantin, regardant désormais mon influence comme funeste dans la maison, allait prendre tous les moyens possibles de m'en faire sortir, et qu'ainsi il venait de donner l'ordre à tous les employés de la maison, de me refuser tout service personnel, comme d'abord, celui de ma table, etc...

Je répondis à Flachat, que je ne sortirais de mon appartement que par un huissier, et par la force!

Voilà, Monsieur, ce qu'avec bonne foi et sans un hypocrite patelinage, vous deviez énoncer en tête de vos articles, lorsque vous osez bien mettre en doute la loyauté de mes procédés.

Telle est l'inspiration que votre père Suprême vous a donnée, pour vous guider à mon égard; aussi bien Isaac Pereire, est-il venu me déclarer maintes fois que son père Enfantin lui avait défendu de traiter aucune affaire avec moi, tant que je serais dans la maison, et c'est ainsi que vous avez constamment éludé des réponses nettes et catégoriques, à toutes les demandes que je vous ai faites, verbalement ou par écrit.

Il vous sied bien maintenant, Monsieur, de vous étonner que j'aie eu recours à la loi *extérieure*, lorsque aucune autre considération n'a pu vous engager à me satisfaire, comme j'ai le droit de l'être, et non pas comme vous entendiez le faire, dans votre orgueil et votre aveuglement.

Oui, Monsieur, je vous ai aimé comme un fils; mais je ne vous connaissais pas, et comme Saint-Simon, mon maître, dont vous avez cessé de comprendre la grandeur et la mission, si je me suis trompé, j'ai la puissance de me rectifier, et vous voyez que je le fais aussi.

OLINDE RODRIGUES.

IMPRIMERIE DE LACHEVARDIERE,
RUE DU COLOMBIER, N° 30.

www.ingramcontent.com/pod-product-compliance
Ingram Content Group UK Ltd.
Pitfield, Milton Keynes, MK11 3LW, UK
UKHW021114290826
14628UKWH00014B/2189

9 782014 107777